Laurent F. Carrel

Trost-Tropfen der Hoffnung

365 Botschaften von Melanie
aus dem Traumland

Laurent F. Carrel

Trost-Tropfen der Hoffnung

365 Botschaften von Melanie aus dem Traumland

Laurent F. Carrel

Trost-Tropfen der Hoffnung

365 Botschaften von Melanie aus dem Traumland

2. überarbeitete Auflage 2016

Autor: Laurent F. Carrel
Gestaltung Umschlag und Innenteil: Kerstin Fiebig
Skulpturen: Laurent F. Carrel
Fotos: Laurent F. Carrel

Die englische Ausgabe
Messages from Melanie · 365 Pearls of Wisdom and Hope from Afar
ist 2015 ebenfalls bei tao.de erschienen.

www.tao.de · eMail: info@tao.de

Bibliografische Information der Deutschen Nationalbibliothek:
Die Deutsche Nationalbibliothek verzeichnet diese Publikation
in der Deutschen Nationalbibliografie; detaillierte bibliografische
Daten sind im Internet über http://dnb.d-nb.de abrufbar.

ISBN: 978-3-96051-096-3 (Paperback)
ISBN: 978-3-96051-097-0 (Hardcover)
ISBN: 978-3-96051-098-7 (eBook)

Im Gedenken

an meine zu früh verstorbene Tochter Melanie,
der liebevollen Botschafterin aus dem Traumland.

In Dankbarkeit gewidmet

meiner wundervollen Familie:
Rebecca, André und Marc.

Vorwort

Ob wir es uns eingestehen oder nicht, wir alle quälen uns – bewusst oder unbewusst – mit existentiellen Fragen, Ängsten und Zweifeln herum oder hegen zumindest große Unsicherheit: was ist der Sinn unseres Lebens? Wie könnten wir dieses glücklicher gestalten? Wie gehen wir mit Rückschlägen, Leid oder Krankheit um? Was wird nach dem Tod sein – oder nicht sein?

Angenommen, dass aus dem Traumland auf geheimnisvolle Weise Nachrichten der Liebe oder praktische Lebensratschläge zu uns gelangen, könnten uns diese nicht dienlich sein, unsere Ungewissheit zu mindern? Jedenfalls lohnt es sich, ihnen unsere Aufmerksamkeit zu schenken und über sie nachzudenken. Im vorliegenden Buch sind solche Botschaften und Lebensweisheiten zusammengefasst. Sie sollen Hoffnung spenden und tropfenweise eine trost- und sinnstiftende Begleitung durchs Jahr sein, damit wir freier und glücklicher leben. Gleichzeitig können sie eine heilende Wirkung haben oder uns, wie das einzelne von ihnen tun, einfach zum Schmunzeln bringen.

Nach meinem Verständnis kommen diese Weisheiten aus dem Jenseits – ein liebevolles Geschenk meiner verstorbenen Tochter Melanie. Seit über zehn Jahren werden mir die Mitteilungen jede Nacht aus dem Traumland übermittelt. Halb schlafend kritzle ich sie während der Nacht auf bereitliegendes Papier, entziffere sie am nächsten Morgen, manchmal mühevoll aber immer überrascht und dankbar für ihre tiefe Weisheit und Einsicht.

Wie mir diese Informationen genau übermittelt werden, kann ich nicht erklären, obschon Neurowissenschaft bzw. Hirn- und Bewusstseinsforschung zu meinen Interessengebieten gehören. Einige Forscher nennen dieses Mysterium „das nicht lokale Bewusstsein“, zu welchem wir auf vielen Wegen Zugang erhalten. Wenn Sie diesen Ausführungen zweifelnd gegenüber stehen oder sie Ihnen merkwürdig anmuten, habe ich volles Verständnis dafür. Ich bin, akademisch und wissenschaftlich ausgebildet, einen weltlichen Weg gegangen, doch mir wurde im Verlauf des Lebens klar: Es geht nicht darum, ob ich an die stets wiederkehrenden Erlebnisse, die mit dem Verstand nicht ergründbar sind, glaube oder nicht, sondern ob ich sie als reale Erfahrungen und Einsichten anerkenne. Ich konnte sie schlicht nicht mehr ignorieren, auch wenn mir rationale Erklärungen fehlten.

Wie sind die Botschaften zu lesen? So wie Sie als LeserIn diese persönlich verstehen, mit dem Sinn, den Sie ihnen geben. Was kursiv geschrieben ist, wurde bei der Übermittlung betont. Ein Satz mit einem Wort oder Teilen eines Wortes in Klammern bekommt eine doppelte Bedeutung, ebenso wie Wortschöpfungen. Waren die Botschaften auf Englisch, belasse ich Einfaches im Originalton, in der Regel habe ich sie übersetzt. Ich nehme an, dass sich das „wir" oder „uns" auf die Boten aus der geistigen Welt bezieht.

Das vorliegende Buch hat eine lange und schmerzhafte Vorgeschichte, geprägt einerseits durch den frühen Tod unserer Tochter Melanie, andererseits durch den Umstand, dass ich einen Großteil meines Lebens unter schweren Schlafstörungen litt. Einschlafen war regelmäßig eine zeitraubende Tortur. Nichts schien Abhilfe zu schaffen, bis ich eines Nachts meine nun erwachsene Tochter Melanie deutlich vor mir auf einer Schaukel in einer Baumgruppe von Erlen sah. Sie lachte und scherzte mit mir und meinte, ich könnte sie wegen meiner Schlaflosigkeit um Hilfe bitten. In derselben Nacht wurde Melanie zu meinem „Schlafengel" und in kurzer Zeit gelang es uns gemeinsam, das jahrelange Problem aus der Welt zu schaffen; für mich begannen paradiesische Zustände.

Ein Problem allerdings blieb ungelöst: obschon ich dank Melanie nun die Nächte durchschlief statt durchwachte, hatte ich stets intensive Träume, insbesondere auch Alpträume, welche zermürbende Gefühle zurückließen. Ermutigt durch die Erfahrung mit Melanie bat ich die geistige Welt um Hilfe. Noch in der gleichen Nacht erschien mir im Traum ein Engel, der in meiner Jugend ein enger Begleiter war und vertrat die Auffassung, dass diese Träume für mich wichtig seien und nicht unterdrückt werden sollten. Er werde hingegen Melanie unterstützen, mir nach jedem Traum eine Botschaft oder einen Ratschlag zu übermitteln. Diese sollten mir Trost und Zuversicht spenden, Gegenstand meiner Kontemplation sein und mich für den Tag aufrichten.

Und so geschieht es seit Mitte 2007 bis zum heutigen Tag: wie beim Abspann eines Films erhalte ich nach jedem Traum eine Botschaft, insgesamt nun über 3000 an der Zahl.

Meine Aufzeichnungen blieben unter Verschluss und ich wollte sie niemandem zeigen. Nach wiederholten Aufforderungen entschied ich mich, vorerst unter dem Pseudonym Bear CaLaFa, 2013 eine Auswahl von 365 Botschaften zu veröffentlichen.[1] Dies schien aus zwei Gründen wichtig: erstens könnten auf diese Weise die Traumbotschaften und Ratschläge auch für andere Menschen von Nutzen sein, Hoffnung spenden und insgesamt eine Trost- und Sinnstiftende Begleitung durchs Jahr sein – und zweitens könnten sie Zeugnis sein, dass jedermann zu Informationen aus der geistigen Welt Zugang finden kann. Auf Grund dieser Überlegungen erschien Ende 2015 auch eine englische Ausgabe.[2]

---

1) Bear CaLaFa, *Trost-Tropfen der Hoffnung, 365 Engels-Botschaften und Ratschläge,* tao.de, 2013.
2) Laurent F. Carrel, *Messages from Melanie, 365 Pearls of Wisdom and Hope from Afar,* tao.de, 2015.

Zum Weg des Autors

Prof. Dr. iur. Laurent F. Carrel (*1945) lebt in der Schweiz mit familiären Bindungen in die USA. Er war viele Jahre als Strategie-Experte, Krisenmanager, Universitätsdozent und Autor tätig. Heute leitet er eine private Leadership Coaching Praxis.

Er fühlt sich seit seiner Jugend magisch von den Kraftquellen der Natur angezogen und besitzt eine intensive Verbindung zur geistigen Welt, welche durch prägende Lebenserfahrungen vertieft wurde. Er verfolgte – parallel zum lebenslangen fachlichen Lernen – stets auch spirituelle Entwicklungen und Weiterbildungen, so u.a. im Bereich der Mystik und verschiedener Meditationsformen, des Yoga, des Quanten Bewusstseins, der Metaphysik oder der Energieheilung.

Januar

1 Wir bringen dir Licht, wir sind das Licht:
Das Dunkel in dir hat keine Chance!

2 Die Macht des Gebets
entstammt einem tiefen Versprechen –
an dich selbst.

3 Höre gut zu! Lerne zu horchen
und schenke deiner inneren Stimme Gehör:
Wir sprechen in leisen Tönen,
achte auf unseren Rat,
nimm ihn zu Herzen ohne zu zögern,
wir sind mit dir.

4 Man versteht nicht, was man nicht erfahren hat,
deshalb macht deine Seele die Welt-Erfahrung.

5 Deine Sehnsucht nach Ruhe und Einfachheit –
ist ein schmerzliches Verlangen nach Nähe zu uns.

Januar

6 Sing mit Hingabe dein einzigartiges Lied
– sing your unique song – für dich selbst, und dann für alle.
Trage deinen Herzensgesang in die Weite, wir sind bereit:
Ohne dich ist unser Chor zum Schweigen verurteilt.

7 Vereinfachen ist wie Verzeihen:
Balsam. Es zwingt zum Loslassen und bringt Heilung.

8 Wundervolle Erinnerungen
sind das Salz in den Tränen deiner Lebensgeschichte –
sie brennen in der Wunde nicht gelebter Gegenwart.

9 Was ihr euch gegenseitig Gutes tun könnt –
ist grenzenlos!

10 Auf Menschen zugehen eröffnet dir die Welt – und dich selbst:
praktiziere es täglich! Auf diese Weise hast du Menschen
Worte mitgegeben, die ihnen später (ohne dein Wissen)
Türen öffneten und reiche Erfahrung erschloss.

11 Dein T-Shirt trägt die Aufschrift: „ich suche (m)ein Ich“.
– Wir haben es gelesen, die Antwort liegt auf dem Weg zu dir –
und zu uns.

12 „Travel light“: ein Motto fürs Reisen und fürs Leben.

13 Jeder erzählt seine Lebens-Geschichten, alles Stories von gestern.
Lass sie los und nimm was ist –
das Leben, dein Leben, jetzt!

14 Vor dir liegt ein ganzer Tag. Auch wenn du ihn
bis zur Unkenntlichkeit in viele Einzelteile zerstückelst –
es bleibt ein *ganzer Tag,* den wir dir zur Verfügung stellen.

15 Ihr bewegt euch in geschlossenen Kreisen.
Auch wenn ihr diese wechselt, seid ihr drinnen oder draußen,
eingeschlossen oder ausgeschlossen, Insider oder Outsider –
es ist ein Spiel mit Grenzen die keine sind,
die Illusion baut ihr selbst.

16 Dein wirkliches Ich mündet ein ins Sein, ins Licht, in die Ewigkeit.
Endlich sind nur eure irdischen Illusionen von Ego, Macht und Besitz.
Alles Wichtige ist zeitlos – Liebe, Hoffnung, Glaube.

Januar

17 To help is a Happiness Booster!
Helfen ist eine Starthilferakete fürs eigene Glück.

18 Du kannst im Augenblick – hier und zugleich dort – sein:
bei deinen Vorfahren und bei deinen Nachfahren.

19 Wenn der Körper gegen die Überflutung mit äußeren Einflüsse rebelliert
und den Rollladen herunter lässt, ist unser Ratschlag: „lay low" –
aus der Tieflage eröffnen sich neue Perspektiven.

20 Create Happiness! Das Glücklichsein kannst du dir erschaffen,
jeder Moment ist eine Gelegenheit, Urheber deines Glücks zu sein.

21 Rolle den roten Teppich für jeden neuen Tag aus,
bevor du den ersten Schritt tust – heute schreibst du dir
deine eigene Rolle auf den Leib!

22 Du läufst voll Tatendrang immer wieder auf: und dann?
Erfahrene Kapitäne bleiben gelassen: Die nächste Flut
wird dein auf Grund gelaufenes Schiff frei spülen.

23 Gutes wiederholt sich – wenn man darauf hinsteuert.

24 So vieles im Leben ist unklar, unverstanden, unbereinigt.
Gemessen an der erforderlichen Geduld und Energie
ist „Klärung“ ein Großteil des Lebensprogramms.

25 Den ominöse Countdown auf das Début deiner gefassten Vorsätze
kannst du jederzeit unterbrechen – oder aber ruhig weiter zählen
und den Start (ins neue Leben) wagen.

26 Beherzt kannst auch du den Geist zum Schweigen
und das Herz zum Singen bringen! Es schreibt *deine* Musik –
sie erklingt, um sich mit dir im Universum zu vereinen.

Januar

27 Wenn du deine kleine Welt
durch die Dankbarkeitsbrille betrachtest –
verspüren die Mundwinkel unweigerlich
einen Zug nach oben.

28 Lehrmeinung und Glaubenssätze werden im inneren Dialog erarbeitet:
von dir und für dich – die Schulmeinung bist du!

29 Wenn du deine Lebensträume nicht unverzüglich
in einem ersten, kleinen Schritt der Realisierung näher bringst,
entschwinden sie ungenutzt – wie nächtliche Träume.

30 Licht im Licht: Das Sonnenlicht widerspiegelt sich
auf gleißend, weißen Schneehängen. Es gibt stets Steigerungsmöglichkeiten
des Lichts. Auch du kannst noch heller scheinen,
deine Liebe und Güte noch lichtvoller ausstrahlen.

31 Koste den Moment aus,
in dem du von einem Hoch der Dankbarkeit überwältigt wirst.
Lass die Gefühle strömen, sie tragen dich
bis ins Meer des All-Bewusstseins.

Februar

1 Deine Existenz auf Erden ist ein kostbares Gefäß,
das dir zur Verfügung steht: mit was füllst du es?
Was trägst du darin heim?

2 Auf die Frage hinter der Frage
gibt es stets eine Antwort hinter der Antwort.

3 Niederstämmige Fruchtbäume werden regelmäßig zurück geschnitten
und erleichtern das Pflücken: Wie viele Menschen dürfen nicht dem Himmel
entgegen wachsen, damit man sie besser nutzen kann?

4 Jedes Kalenderblatt ist wichtig,
reiße keines achtlos ab. Jedes verdient auf der Rückseite
deinen Vermerk: „dafür bin ich dankbar"...

5 Man kann zu spät aufstehen, den „Tageszug verpassen"
und trotzdem ankommen: statt Distanz zurücklegen,
Tiefe gewinnen!

Februar

6 Dein Wunsch-Traum so zu leben wie du möchtest,
frei von Erwartungen, aber nach deinem Zukunftsglauben –
wird Wirklichkeit, wenn du ihn lebst.

7 Kinder sind dein Prüfstein: sie prüfen die Echtheit deiner Gefühle,
die Lauterkeit deiner Liebe, die Fähigkeit nicht zu urteilen
sondern unvoreingenommen anzunehmen – wie *Es* ist.

8 Wir haben stets den Wunsch, Zeit mit dir zu verbringen.
Oft spielst du lieber mit den Ablenkungen deines Egos,
als unserem Wunsch zu entsprechen.
Unser Zeit-Anspruch basiert letzten Endes auf deinem Bedürfnis –
nur siehst du das (noch) nicht. Unsere Frage an dich lautet:
Welche Konversation werden wir – mit dir oder ohne dich –
in jedem Fall führen?

9 Düstere und negative Gedanken
kannst du mit liebevollen Gegengedanken erhellen –
verbieten oder verbannen kannst du sie nicht,
aber sie im Licht der Liebe auflösen.

10 Bewahrt dich ein Geländer, ein Stock oder Arm des Begleiters davor, den Stand zu verlieren? Vergiss nicht, dass dir vor allem dein innerer Rück-halt Halt gibt.

11 Find beauty in the desert: Schönheit manifestiert sich, wo ihr sie nicht vermutet – auch unter desolaten Umständen und in tristen Situationen. Es ist die Wüste, die eine Oase zum kostbaren Wunder macht.

12 Die erwachende Natur heilt sich vom Wintertod: Das Grünen und Blühen ist ein Versprechen ans Leben – und an dich. Spiegle ihre Schönheit und ihre Wunder in dir!

13 „Bitte warten!“ Am Telefon, vor dem Schalter, bei der Abfertigung, immer wirst du dazu aufgefordert. Hast du den Mut zur Forderung: Bitte auf *mich* warten?

14 Luftsprünge können den Atem verschlagen – ist dies der Grund, weshalb du sie so selten vollführst?

15 Erhalte das Gute am Leben, leiste deinen Beitrag, schütze und nähre das Licht, stelle es dorthin wo es dunkel ist.

Februar

16 Du bist ausgefranst, alle Energie ist im Kopf, in den Händen und Füßen,
deshalb finden deine Aktivitäten an der Peripherie statt –
komm zurück in dein Zentrum, sammle dich in der Mitte, im Sein.

17 Betrachte dein geistiges Hineinblicken als Ein-Sicht,
dich aus der Geiselhaft von Schuldgefühlen zu befreien.

18 Bete für jemanden, der deine Fürbitte braucht –
so viele benötigen sie.

19 Musterlektionen sind langweilig,
weil die Lektionen des Lebens keinem Muster folgen.
Deine Arbeit an dir sind Pfade, die du allein –
und trotzdem für alle gehst.

20 Jeden Tag machst du deine persönliche „Wettervorhersage“.
Im Unterschied zu den üblichen Prognosen stimmt sie,
denn für die Aufhellungen sorgst du selbst –
sie machen der Dunkelheit ein Ende.

21 Kannst du dem erschöpften Ich
liebevoll durchs Haar streichen?

22 Habe den Mut und die Bescheidenheit,
dich in *EINEM* Tropfen zu sammeln
und diesen stetig auf den Stein
deiner (zu) hohen Erwartungen fallen zu lassen...

23 Dein erster Eindruck bleibt –
aber deine Meinung kannst du revidieren.
Schau noch einmal hin, gib deinem Gegenüber
eine zweite Chance!

24 Stelle dein Licht *auf* den Tisch, es soll leuchten –
ohne zu blenden.

25 Im Traum oder im Himmel – jemand wartet auf dich!

Februar

26 Oft ist es gut, von dir selbst und von andern viel zu verlangen –
aber tue es mit einem gütigen Herzen.

27 Wenn du zu lange auf deinem Platz sitzen bleibst,
verpasst du den Anschluss. Umsteigen bedingt,
rechtzeitig auszusteigen.

28 Kindliche Zuneigung: *die* große Mangelware in der Erwachsenenwelt.

29 Thankfulness comes in many forms:
Dankbarkeit hat viele Gesichter,
alle sind anmutig und haben ein Lächeln.

März

1 Suche nicht (vergeblich) nach Wein im Keller –
das Wasser steht auf dem Tisch. Wie oft jagst du (erfolglos)
dem vermeintlich Besseren nach, wenn du das Einfache
geniessen kannst.

2 Deine Perspektive = deine Realität:
so wie du dich ein-stellst, stellt sie sich ein.

3 Landschaft trinken – Landschaft im Sein aufgehen
und verschmelzen lassen: dann bist du daheim
und für einen kurzen Augenblick
im Gottesbewusstsein.

4 In der Unordnung droht das Essentielle verloren zu gehen –
dasselbe Schicksal droht dem Bedeutungsvollen in der Ordnung.

5 Ebenso rasch wie Nebel die Sicht verhüllt, erhellen ein hilfreiches Wort
und deine ausgestreckte Hand aufs Neue die Nah- und Fernsicht.

März

6 Was gibt es heute zu feiern? Welch erstaunliche Frage,
denn ein ganz durchschnittlicher Tag steht an –
kannst du feiern, dass es nur ein gewöhnlicher Tag ist?

7 Der Blick in deine Augen = dein Augen-Blick –
ist unser Spiegel!

8 Du hast zu viele Auswahlmöglichkeiten:
Der Prozess des Verzichtens ist dein Klärbecken –
zurück bleiben Prioritäten.

9 Not „lost and found“ – but „found and lost“
Wie oft findet ihr wertvolle Wahrheiten,
die ihr achtlos wegwerft oder wieder verliert...
sei achtsam im Augenblick!

10 Die Gnade des täglichen Reset-Buttons: Nutze deine Freiheit
den Rückstellknopf rascher zu betätigen, dein Neustart kann –
in ganz neue Richtung erfolgen...

11 Temporäre Misserfolge steigern deine Fähigkeit,
mit bis anhin unerkannten Zahlenkombinationen
Schlösser zu öffnen.

12 Deine Gedankensamen gehen auf,
früher oder später wirst du sie ernten, so oder so...

13 In deinen Träumen wird Wirklichkeit,
was du am Tag nicht zu träumen wagst –
ist dies ein Hinweis, sie zu wagen?

14 Einatmen: Einkehr und Heimkehr zu dir – Ausatmen: gehen lassen und freigeben.
Nutze deinen Atem, um das Leben in seiner Fülle zu erfahren.
Dein Atem – ist dein Leben. Deshalb unsere Aufforderung immer
und immer wieder: atme bewusst – lebe bewusst!

15 Warum hast du nicht den Mut,
deinem inneren Kind eine Stimme und Ausdruck zu geben?

16 Entscheidend ist nicht, wie viele dich lieben,
sondern, dass du dich selbst liebst –
um andere lieben zu können.

März

17 Leg dir eine Erste-Hilfe-Apotheke
für Schmerz und Leid deiner Seele an: noch heute…

18 Wenn Zwangsjacken selbstgefertigt sind, enthalten sie ein zweifaches Wissen:
einmal wie das Strickmuster ist und folglich, wie du die Maschen auflösen kannst –
um dich ihr zu entledigen.

19 Sich und andern aus Liebe und Mitgefühl Zeit schenken –
ist das größte aller Geschenke!

20 Dinge, die du mit Freude und Enthusiasmus tust –
auch wenn sie von niemandem erwartet und honoriert werden –
tragen zu deinem Glücklichsein bei. Die Früchte kommen dir –
und letztlich allen zugute!

21 Vollkommenheit war einmal und wird wieder sein –
dazwischen liegt viel Lebenshingabe.

22 Wie kannst du mit deinem Wissen weise umgehen?
Nutze es zum Wohl aller – nicht nur Brot, auch Wissen teilen ist gut.

23 Eine Dampfwalze bringst du nicht zum Stehen,
indem du dich ihr entgegenstellst – sondern indem du sie
ins Leere laufen lässt.

24 Betrachtest du die Welt von oben wird offensichtlich:
Alle Menschen sind unterwegs, diejenigen die reisen, aber auch jene
die am Standort verbleiben – auf der Durchgangs-Lebens-Reise
gibt es keine Unbewegte.

25 Bei der Frühlingsreinigung werden Fenster für eine klare
und hellere Sicht gereinigt, Staub und Schmutz entfernt, kräftig durchgelüftet,
Unnötiges wird weggestellt oder entsorgt: tue dies in deiner Gedankenstube
jeden Morgen, jeden Abend, jeden Tag!

26 You have a healing hand – don't hold it back!
Auch deine Hand kann heilen, jede Hand kann das –
strecke sie aus!

März

27 Teflonisiere dich! Leg dir eine Schutzschicht zu,
die dich abschirmt vor klebrigen Erwartungen,
unangebrachten Aufgaben und Pflichten,
die nicht in deine Pfanne gehören.

28 Dare to be who you are – even if it means to feel naked in public!
Habe den Mut und die Unbekümmertheit dich selbst zu sein, auch wenn du
dir entblösst und verwundbar vorkommst.

29 Warum wagst du nur im Verborgenen, den Clown zu spielen?
Dare to be a clown – people laugh – and you can tell the truth!
Es gibt viele Vorteile, ein Clown zu sein: Die Leute amüsieren sich –
und du kannst die Wahrheit sagen.
Dare to say what you think – dare to be daring!

30 Kannst du beschreiben, wie dein idealer Tag, dein bestmöglicher Tagesablauf
aussieht? Es ist wie im Leben, wenn du nicht weißt, was du wirklich willst, kommst du
ihm auch nicht nahe.

31 Alle Menschen verdienen eine faire Chance –
du entscheidest, was dir das wert ist – und gibst sie auch dir!

April

1 Im Alter löst sich die Umklammerung, Finger um Finger:
Das Alter wird dein Befreier und Verbündeter. Es entbürdet dich
von jahrelangen Vorstellungen, *was* du *wie* sein solltest
und entlässt dich in die Freiheit – dich selbst zu sein.

2 Kannst du dich noch durch kleine Wunder überraschen lassen?
Wie durch den ersten Sonnenstrahl auf grünem Laub im Unterholz –
es geht um deine tägliche Bereitschaft,
im Kleinen das Große zu sehen.

3 „Diversity – variety – abundance“: drei Worte für das Göttliche.
Wenn du die Augen öffnest, siehst du überall Buntheit und Mannigfaltigkeit,
Vielfalt und Ungleichheit, Fülle und Reichhaltigkeit im Überfluss...
nutze und schenke sie dir und andern.

4 Jesus Christus wurde gerichtet, verurteilt, hingerichtet –
übe dich, urteilslos zu sein!

5 Die Forderungen überquellen und was von dir verlangt wird überbordet.
Deine Hände sind zu klein – lege es in *unsere* Hände!

April

6 Bleibt dein Durst nach Stille und Ein-Sicht weiterhin ungestillt?
Brich als Pilger zu *deinem* Wallfahrtsort auf, tief im Innern, zum Ort der Ruhe
und Er-Kenntnis.

7 Die Liebe zu Details findet ihre Grenzen – insbesondere bei der Lebensplanung.
In Anbetracht der Lebensstürme sind deine Planungen nicht viel mehr
als Lichterschiffchen der Hoffnung. Die Schiffchen zerschellen –
die Lichter der Hoffnung scheinen fort.

8 Even along the muddiest trail, flowers bloom.
Auch am Wegrand eines verkarten und verschlammten Pfades
blühen Blumen.

9 Empty life – busy life: It is worthwhile to explore your timeless connection to us.
Je leerer es *in* dir wird, desto aktiver wirst du an der Oberfläche! Es ist verheißungsvoll,
deine zeitlose Verbindung zu uns zu erforschen.

10 An Kreuzungen deines Lebensweges trägst du oftmals schwer
an der Entscheidungsfreiheit – sie wird zum Kreuz des Zweifels –
oder führt dich zur Wahl der Hoffnung und Zuversicht...

11 Zugvögel fliegen dorthin zurück, wo sie flügge wurden –
vertraute Orte sind Kraftquellen, zu denen auch du heimkehren kannst.

12 Every tear lightens your sorrow about what was; wash it out – and heal!
Dich trauernd mit der Vergangenheit versöhnen – den Schmerz mit viel Tränen
auswaschen – bringt Heilung.

13 Move out of the control range of other people
and into your own control room. Verlasse den Kontroll-Radius
deiner Mitmenschen und begib dich
in deine eigene Steuerzentrale.

14 Deine Krankheiten sind die Sprecher deiner Seele –
in Notwehr, weil du ihr kein Gehör geschenkt hast:
Your ailments are the speakers of your soul.

15 Ihr seht mich am Kreuz – dabei bin ich in euch.
Ihr trauert – dabei habe ich euch nie verlassen.
Ihr wartet auf mich – dabei bin ich bei euch.

16 Was ist *illusionslos* die absolut schmerzfreie Alternative
zu den Einschränkungen und Behinderungen des Älterwerdens???
Werde realistisch und dankbar – *für alles!* Dankbarkeit ist die Anerkennung,
dass es gut ist wie es ist – wie immer *ES* ist.

April

17 Eine verschmutzte Linse trübt das Bild –
dies gilt nicht nur beim Fotoapparat…
sondern auch für deine Vor-Urteile.

18 In der Lebensschule bist du Lehrer und Schüler zugleich –
welche Chance – welche Erleichterung!

19 Auf dem Gehsteig kannst du *einen* Schritt in den Zug machen –
oder nicht – und damit deine Welt (und dein Leben) verändern.

20 Manchmal tut sich
erst lange nachdem du eine Bresche geschlagen hast –
(d)ein Weg auf.

21 Was sagt das Kleingedruckte auf *deinem* Bremsschuh?
Bremse lösen – Wagen rollen lassen…

22 Dein inneres Kind möchte zu Hammer, Säge und Pinsel greifen –
warum lässt du es nicht?

23 Es brennt, alle rufen nach Hilfe.
Doch du lässt Unterholz und Gestrüpp wegbrennen:
Die neu entstandene Lichtung schafft Überblick
und eröffnet neue Ein-Sichten.

24 Höre auf das Echo – es wiederholt in vielfacher Weise,
was immer du gerufen hast. Auch kurze, kaum nennenswerte
Gedanken die du aussendest, kommen zum Absender zurück –
weil es deine eigene Welt ist, die du kreierst.

25 Die Hungerrationen für dein Seelenleben
scheinen oft umgekehrt proportional zu den Portionen, die du jeden Tag verspeist.
Sei generöser mit deiner seelischen Überlebensnahrung!

26 Gefangen im Kopf –
was brauchst du, um zum Herzen ausbrechen zu können?

April

27 Vertraue der Natur deine geknickte Seele wieder aufzurichten.
Sie übt sich täglich, die Spuren von Stürmen oder Katastrophen zu überwinden.
Gehe hin, höre was dir die Bäume im Wald, die Sträucher und Blumen,
die Tiere und Vögel berichten... Und, was haben der Wind und das Wasser
zu sagen, die alles verursacht haben?

28 Knicke und Brüche im Leben hinterlassen Spuren in der Seele.
Die Fährte zu lesen und sie zurück zu verfolgen erfordert Mut und Kraft –
der Lohn ist die Erkenntnis, wer du bist, und werden kannst!

29 Wie kannst du heute zum Wohlbefinden
und zur Heilung deines Körpers beitragen?
Beginne bei den Zehen, sie sind treuste Diener
und verdienen deine Zuwendung!

30 Watch out: it is given to you just when you need it!
Achte auf die Hinweise: Was du am dringendsten benötigst,
wird dir zur richtigen Zeit gegeben!

Mai

1 *Im Kern* bist du unangreifbar –
dein innerstes Ich ist völlig geschützt!

2 Ding – Dong: Jeder Glockenschlag
vom Kirchenturm ruft dir zu:
einfach…*sein*
einfach…sein
einfach…*sein*

3 Wenn du deine Ziele
auf beiden Seiten des Zauns
verfolgen willst, musst du
auch unten durch.

4 Die Sonne kommt am Morgen und geht am Abend –
trotzdem ist sie immer da – wie auch du. Ihr Schein ist Leben –
Dein Leben ist Schein.

5 Die Wirklichkeit ist *in dir* – wie viel Raum gibst du ihr?

Mai

6 Anfang und Ende sind nicht in deiner Hand –
auch wenn du dem Leben ein Ende setzest.

7 Die Ebbe nach der Flut – sie macht so viel Sinn!

8 Auch deine Widersacher werden alt und wehrlos sterben –
was sagt dir das?

9 Das Aufwachen – wie ein Sonnenaufgang –
spektakulär und nie alltäglich:
I take you in my arms and give you back to life!

10 Tiere spüren, wenn du ihnen freundlich gesinnt bist –
Menschen übrigens auch.

11 Die Nacht hat viele Gesichter:
Geborgenheit im Schlaf ist ihr schönstes.

12 Du bist der Strand für die Wogen deiner Kinder:
lass dich überrollen, lass sie an dir auslaufen.

13 Du wartest oft und lange auf etwas – dabei steht es hinter dir.

14 Gescheite, flinke Kopfarbeit – flinke, gescheite Handarbeit:
warum sind sie nicht ebenbürtig?

15 Die 10.000 Dinge des täglichen Lebens:
wenn du nur verwendest, was nützlich und hilfreich ist –
ist es wenig.

16 You are so grateful that you are alive – We are so grateful that you are alive.
Du verkennst die Lage wenn du nicht ein-siehst, dass auch wir dankbar sind,
dass du lebst!

Mai

17 Deine Demut und deine Bescheidenheit finden Anerkennung –
am richtigen Ort!

18 Das Überraschende ist das Ausbleiben der Überraschung.
Das Alltägliche ist *die* Herausforderung.

19 Was gibt es aus deinem so ernsthaften Leben
Komisches oder Lustiges zu erzählen?
Heitere dich selbst auf – ernsthaft, es ist höchste Zeit!

20 Auf einen lausigen Tag folgt ... ein neuer Tag.
Welches kleine Wunder kannst du heute bestaunen? –
Etwa, dass du lebst?

21 Hände schützt ihr bei Kälte mit Hand-Schuhen.
Hast du auch einen Seelen-Schuh dabei?

22 Falls du Mühe mit Wundern hast –
erkläre mir mal die Hinter-Gründe des Heilungsprozesses!

23 Reichtum ist, was ihr alles schon habt – aller Reichtum ist in dir!

24 Der Schlüssel sind deine Hände:
sind sie offen oder geschlossen?
Ausgestreckt oder verschränkt?
Gefaltet oder tätig und heilend?

25 Nebel ist die Normalsicht auf die Ewigkeit –
ausgenommen sind einige wenige Lichtblicke.

26 Wenn Pausen den Takt angeben – stimmt dein Rhythmus.
Achtsamkeit und Rhythmus gehen Hand in Hand.

Mai

27 Dein rastloser Drang zur Kreation
ist *die* Möglichkeit, Zeitlosigkeit zu spüren.

28 Trete aus dem Schatten – dem eigenen und dem fremden!
Dich sein – mit Begeisterung: um dem Leben zu dienen!

29 Auch ein Monstrum hält inne,
wenn man es liebevoll füttert.

30 Was wir dir wünschen:
trage – sei getragen – in Ruhe, mit Kraft.

31 Die Frage ist nicht, wie viele Bäume du im Leben
gepflanzt hast, sondern ob sie Früchte tragen?

Juni

1 You do not understand the essence of your spiritual guides – why are you so afraid?
Du verstehst das Wesen deiner spirituellen Partner und Helfer nur unzureichend – warum fürchtest du dich vor ihnen?

2 Du möchtest stark und siegreich sein!
Und wenn du das Gegenteil bist: schwach und auf verlorenem Posten – aber dies aushältst – bist du dann nicht auch stark?

3 Tears are the curtain and the mirror of your soul.
Tränen sind der Vorhang und der Spiegel deiner Seele.

4 Atme deinen Schmerz ein und verfeuere ihn zu heilender Energie.
Your pain: breathe it in, and burn it off...

5 Your prayer: release me of my pain, anger, fear, constraints – and set me free!
Dein Gebet: erlöse mich von meinem Schmerz, Zorn, von meiner Angst und meinen Hemmnissen – und mache mich frei!

Juni

6 You are on the road – every day – to go home.
Yet you are home – all the time.
Du bist dauernd unterwegs – nach Hause.
Dabei bist du immerwährend zu Hause.

7 Nähe zu Gott ist – Nähe zu dir selbst.

8 Kleine Freuden sind Fenster deiner Seele.
Deshalb ist es nie zu spät, dir etwas Neues zu liebe zu tun.

9 Heilung ist (d)eine lebenslange Aufgabe.

10 Jeden Morgen nach dem (Lebens-) Sinn fragen – macht Sinn. Lebe ihn!

11 So wie du die Last empfindest ist ihre Schwere – oder Leichtigkeit.

12 Mit-tag = Mitte des Tages, Mitt-woch = Mitte der Woche.
Mitte des Lebens ist – immer. Keine Anfang und kein Ende,
nur Mitte im Jetzt.

13 Never a new day is – like every day!
Kein neuer Tag ist alltäglich!

14 Je näher dem Ziel, desto dringlicher stellt sich dir die Frage:
ist es das richtige? *Nach* dem Zieleinlauf beantwortet sich
die Frage von selbst.

15 Wenn wissenschaftlich nicht Erklärbares so viel Sinn macht –
an was willst du zweifeln? Am Sinn oder an der Wissenschaftlichkeit?

16 Die Herrlichkeit zu sehen, sie mit allen Sinnen zu erfahren –
das ist Gnade.

Juni

17 Alle Spannungen die du aufbaust –
in deinem Körper oder außerhalb –
kannst du auch abbauen.

18 Zwischen Himmel und Erde –
du bist beiden so fern, beiden so nah.

19 Wer verlässt dich – wenn nicht du dich selbst?

20 Islands of smile make your day. Smile...
Inseln des Lächelns versüssen und retten deinen Tag.
Lächle...

21 Es läuft nicht rund – weil du die Ecken bist!

22 Besuche auf dem Friedhof die Gräberreihen
deiner gefallenen Wünsche und Träume: sie sind so jung gestorben!
Und trotzdem blüht es allerorts…

23 Der Äther rund um den Globus ist gefüllt
mit unsichtbarer elektronischer Kommunikation –
und trotzdem kennst du die Nachbarn kaum.

24 Was für die einen zentraler Lebensinhalt ist,
ist für andere gänzlich Nebensache:
das ist Teil des Gesetzes der „separate realities“ –
der unterschiedlichen Realitäten.

25 Die schwere Krankheit hat deinen übervollen Lebens-Krug umgestoßen,
seinen Inhalt bis auf den letzten Tropfen ausgeschüttet –
damit du ihn wieder füllen kannst. Nicht mit einem neuen,
sondern deinem *wirklichen* Ich – your true self!

26 Wenn das große Ganze einen Erfolg feiert –
bist du Teilhaber oder Zuschauer?

Juni

27 Die Verheißung nach Leistung und Erfolg
lockt wie die Früchte im Paradies. Im Rückblick
erfüllt ihr Genuss selten die Erwartung.

28 An unverhofftem Ort brennt eine Kerze für dich –
und wartet auf deine Hoffnung.

29 Einstige Weggefährten muss man verlassen können
wie ausgetretene Pfade: entschieden – aber im Frieden.

30 Segne das Essen, bevor du es verzehrst.
Segne die Gedanken, bevor du sie aussprichst.

Juli

1 Der erste ist der letzte Tag – der letzte Tag der erste:
Kreative Schaffenskraft hilft über die Schwelle – immer wieder neu.

2 Freundschaft ist wie Zeit, mit beiden Händen fassbar – im Augenblick.

3 „Bergtrilogie" aus drei einander folgenden Nächten:
1) Nimm den steil ansteigenden Lebensweg beherzt in Angriff –
du willst doch nicht bereits absteigen?
2) Auf der Bergspitze: Den Höhepunkt genießen ist die Kunst der All-Liebe –
in Eintracht.
3) Für immer kann man nicht auf dem Gipfel verweilen:
Bist du „über den Berg" – macht der Abstieg Sinn.

4 Der Entscheid Ballast abzuwerfen –
wird vor dem Überfliegen von Hochspannungsleitungen
überlebensnotwendig.

Juli

5 Das Leben ist ein riesiger Erfahrungsschatz –
warum sollte am Ende alles verloren gehen?

6 Verlockende Ferien-Destinationen allerorts:
verzichte und reise – *zu dir!*

7 Auf-räumen schafft Raum – und reichlich Erleichterung!

8 Verzeih dir, in unbekanntem Gelände Umwege zu machen.

9 Unmögliches entschwindet –
gleich wie Angst – wenn du sie anpackst.

10 Wie bleibst du dem Rhythmus des Großen und des Ganzen verbunden?
– Nimm das Einfache als Herausforderung: Pflege deinen Atem,
mache dich durch ihn durchlässig.

11 Ein Hund in der Kirche – warum die Aufregung?
Ist es eine Kirche fürs Leben? Einem Tier zu helfen ist wie einen Kieselstein
ins Wasser der Ewigkeit zu werfen.

12 Halbherzigkeit verzeiht das Leben nicht –
schon gar nicht im Alter. Wenn du nur wüsstest,
was du nicht weißt – dann würdest du dir
ein Herz fassen!

13 Versprochene Ruhe hin oder her:
Es ist nicht so, dass du gestört wirst –
du lässt dich stören.

14 Choose your seat at the table carefully!
Wo man sich hinsetzt – sitzt man!

15 Den Tag musst du Frühmorgens retten.

16 (D)ein leeres Blatt ist Aufforderung…
– auch zum Mut zur Leere.

Juli

17 Den An-schluss zu verpassen oder zu verlieren führt zum Schluss.
Oftmals eine gute Sache – weshalb die Angst?

18 Wenn die Gesundheit an deine Türe klopft,
geht diese von selbst auf – und es wird still:
Hör gut zu und sei einsichtig, ändere was es zu ändern gibt –
zu aller Gunsten!

19 Das schikanöseste Zeiterfassungsgerät – bist du selbst. Have Mercy!

20 Ihr zahlt teuersten Service in extravaganten Hotels,
weil ihr scheut – selbst zu euch zu schauen.

21 Jüngere Kräfte treten an deine Stelle –
DIE Gelegenheit, dich *deinen Themen* zu widmen.

22 Frei sein ist mehr als ein Traum, vielmehr hartes Tageswerk –
lebenslang.

23 Ob du nach vorne schaust oder zurück –
am Blick nach Innen kommst du nicht vorbei.

24 Prachtvolle Uniformen sind temporäre Insignien der Macht –
schon bald werden sie im Museum ohne Erklärung nicht mehr verstanden.
Behördliches siegt immer nur auf Zeit und vergilbt –
das Leben triumphiert zeitlos.

25 Gedanken bringen dich um den Schlaf,
Gedanken führen dich in den Schlaf – wähle!

26 Der Zeitpunkt ist gekommen, dein emotionales Kettenhemd anzuziehen –
es gewährt dir Schutz aus Licht und Energie, statt Eisen und Stahl.

Juli

27 Versöhnung beginnt im Kopf –
sie ist Balsam für Seele und Körper.

28 Krankheit und Schmerz werden zum Fokus – und zur Himmelstür:
Auch wenn ihr den Himmel nicht versteht – spricht er zu euch.

29 Wenn nichts mehr hilft, was kann Heilung bringen?
Bete, lieber Zweifler, bete. Hoffnung auf Heilung ruht
auf nicht nachlassender Suche im Innern.

30 Um dich heimzufinden musst du die nähere Umgebung deines Herzens
ebenso gut kennen, wie die Umgebungsgeographie deines Zuhauses.

31 Nimm nur an die Brust, was du nähren und großziehen willst.
– Nur das wird auch *dich* nähren.

August

1 Lerne vom Bogen: Die Sehne ist entspannt –
doch der Pfeil fliegt…

2 Brich die Türe ins Unterbewusstsein zuweilen mit Gewalt auf –
auch wenn sich daraus eine Schmerzlawine ergießt.

3 Die Dinge beim Namen zu nennen, ist oft die größte Herausforderung –
und *das* Tor zur Lösung.

4 Leer-Stellen sind Fundgruben und magische Schlüssel:
Lerne *zwischen* den Zeilen zu lesen.

5 Warum gehst du über schwindelerregende Stege,
wenn das Bachbett ausgetrocknet ist?

August

6 Wir müssen miteinander sprechen, „we need to talk"!
Unsere universelle Auf-Forderung an dich und alle –
ohne Ausnahme, no exception!

7 Im Fundbüro werden alle verlorenen Wünsche deines Lebens
aufbewahrt und warten, von dir abgeholt zu werden.
Hol dich zurück – wann und wo immer möglich.

8 Lass dich beeindrucken, wie ein einzelner Mensch geballte Energie
für eine gute Sache generieren kann. Wie steht es um dein inneres
„feu sacré"? Wie erkennst du, dass es für eine gute Sache brennt?
Frisst es Lebensenergie oder wärmt es dich und andere?

9 Erst wenn es dir gelingt, in deinem Leben Ordnung
zu schaffen, wirst du deinen Platz finden.

10 Ihr sagt: „er oder sie *ist* jemand" – ihr wollt alle „jemand *sein*".
Und trotzdem definiert ihr euch über das, was ihr alles *tut*.
Emsiges Tun – statt leuchtenden Seins?

11 Frei-Räume öffnen sich nicht von selbst.
Den Eintritt musst du dir – oft gegen dich selbst –
erkämpfen.

12 Ruhe und Geborgenheit im Schlaf:
Lass es Nacht, lass es dunkel werden.
Dunkel? Fürchte dich nicht.
Wenn du im Dunkel aufgehoben bist –
ist das Licht in dir!

13 „Ihr Name ist All"; wer in der Nacht flüsternd fragt:
wer bist du? Erhält die Antwort: I am ALL, ich bin Alles.

14 Täglich bekommst du von uns Geschenke,
denen du keine Beachtung schenkst –
schade, sie machen dein Leben reicher.
Achtsamkeit und Dankbarkeit sind lernbar.

15 Wenn dich Familie und Freunde necken, wenn das Leben ein übermütiges Spiel
und harmlose Scherze mit dir treibt – dann meinen es alle gut mit dir: Smile!

16 Gib Acht auf die feine Unterscheidung:
welche inneren Widerstände sind zu überwinden,
welche zu respektieren?

August

17 Hell oder dunkel? Die Farbe der Seele –
nicht der Haut – sagt etwas aus.

18 Du bist auf der Agenda der andern fest eingeplant.
Wer über deine Zeit verfügt, verfügt über dein Leben.
Vergiss nicht: was immer du machst – es ist *deine* Zeit.
Warum nimmst nicht *du* das Heft in die Hand?
Do not forget: whatever you do – it is *your* time!

19 Deine vielen Absichten, Ideen und Pläne von gestern und von morgen:
lass nicht außer Acht – die Umsetzung ist heute!

20 Nicht nur die Obrigkeit(en), auch du selbst gibst dir unsinnige Befehle.
Für was sind all die einschränkenden Verhaltens- und
Handlungsanweisungen dienlich? – Sie zwingen dich,
dir immer wieder deiner Freiheit bewusst zu werden.

21 Du fühlst dich als Outsider? Bei uns – und für dich – bist du stets ein Insider. Wir sind alle Familie, den ein- und ausgrenzenden Kreis zieht ihr.

22 Es ist (nicht) erstaunlich, wie weit ihr reist, um das Glück zu finden. Dabei könnt ihr es euch selbst geben, wo immer ihr seid. Kannst du schlicht und einfach beschließen, *jetzt* glücklich zu sein?

23 Gott zeigt sich dir im Schlaf – damit du aufwachst.

24 Der Verzicht auf Luxus – ist *die* Kostbarkeit.

25 Nimm dir nicht, was für alle bestimmt ist – stattdessen trage dazu bei!

26 Das Wesentliche geht im Zuviel verloren – Simplify! Vereinfachen heißt, dem Leben auf den Grund zu kommen.

August

27 Küsse deine Verletzung und deinen Schmerz mit Zärtlichkeit – in der heilenden Wunde keimen Blumen der Hoffnung.

28 Es ist relativ einfach, sich den Hörnern eines Kampfstiers zu entziehen – du musst nur Höhe gewinnen.

29 Wenn ein Großer stirbt, macht ihr ein Riesenaufsehen – wir schenken unsere volle Aufmerksamkeit allen, die hinüberkommen.

30 Endlose Examensvorbereitung und Prüfungsstress, Bücher und auswendig lernen…
Die Prüfungen des Lebens sind anders! Beruhigend – beunruhigend?
Für die wirklichen Tests im Leben brauchst du wenig –
wie Mut oder Liebe…der angehäufte Wissensbalast ist unnötig.

31 Wie heilsam ist es, Dinge, die ihr euch und andern verzeiht unter den Teppich des Vergessens zu wischen. Je dicker der Teppich, desto besser der Schlaf – und desto frischer das Aufstehen!

September

1 Nach dem Todes-Tag pflegt ihr eindrückliche Rituale –
auch jedem Lebens-Tag gebührt sein freudvolles Zeremoniell.

2 Das Licht des Gottesbewusstseins wird
durch jeden Gedankensturm ausgeblasen –
nur das reine Sein schützt das Licht.

3 Das Leben ist oft viel einfacher
als deine Träume! Du musst nur aufwachen…

4 Wie kannst du dich liebevoll ins Alter begleiten?
Indem du dich unter-stützend am Arm führst –
noch nie warst du so auf *dich* angewiesen!

5 Das Sternenmeer – ein Gradmesser
für die Bedeutung (-slosigkeit) deiner Sorgen.

September

6 Du bist von Vielem ausgeschlossen, nicht dazu zu gehören schmerzt –
nur, du bist in noch viel, viel mehr eingeschlossen, als dir bewusst ist.

7 Kick the duck: Auch liebenswürdige Geschöpfe (wie du)
benötigen hie und da einen An-Schups!

8 Es ist Zeit, endlich aus dem Schatten von dir selbst zu treten.

9 Das Erreichen *deines* Ziels ist bedeutungsvoll und zählt –
auch wenn niemand hinschaut!

10 Ihr sperrt junge Menschen in ihrer Ausbildung in Prüfungskäfige
und hindert sie, das wahre Wissen in sich selbst zu entdecken.

11 Was gibt es Tröstlicheres als unser Versprechen: wir warten auf dich!

12 Sich mit ALLEM verbunden zu fühlen
ist nicht nur ein Gefühl – es ist die Wahrheit.

13 Die einzige Zeit, die du verlierst, sind die Augenblicke,
in denen du nicht im Moment bist.

14 When gratitude flows through you, you are truly with yourself, and free.
Wenn Dankbarkeit dein Jetzt durchströmt, bist du wirklich bei dir –
und frei: Freedom at last!

15 Wo du bist, ist *dein* Platz – fülle ihn aus!

16 Jeden Tag beobachtest du, wie Vögel fliegen –
und trotzdem zweifelst du, dass das Unsichtbare trägt!

September

17 Erst wenn der letzte Tropfen von Wut, Zorn oder Ärger verronnen ist –
bist du frei und heil!

18 Den rollenden Worst-Case-Gedankenzug mit einem Wimpernschlag
anhalten und in die entgegen gesetzte Best-Case-Richtung weiterfahren
zu lassen: das ist deine Meisterleistung von heute!

19 Was du erträgst – trägt!

20 D/sich (zu) ernst nehmen: kannst du die Komik darin entdecken
und lächeln? Wie heilsam!

21 Was spricht dagegen, dass du auf dem Ambitionen-Weg, den alle gehen,
umkehrst und deinen eigenen, einfacheren und anspruchsloseren Weg wählst –
insbesondere, wenn alle Wege am Ende zum gleichen Ziel führen...

22 Dein Zukunftsoptimismus nährt sich aus einer nie versiegenden Pipeline
innovativer Ideen des ALL-Bewusstseins die darauf warten,
durch dich realisiert zu werden. Deine Kreationen sind auch unsere,
es sind die gemeinsamen Kreationen aller – you are the co-creator!

23 Wenn du willig hergibst, was dir genommen wird –
kommt es in der einen oder anderen Form zu dir zurück.

24 Dankbarkeit ist nicht nur der Schlüssel zu anderen Herzen,
sondern auch das Tor zu dir selbst.

25 Jugendlicher Übermut ist wie frischer Morgentau,
genieße den Anblick. Die Mittagssonne wird die Perlen trockenlegen –
nicht deine ungeduldigen Ermahnungen.

26 Wenn du von der Schattenseite eines Tals
auf die gegenüberliegende Sonnseite gelangen willst –
musst du zuerst hinab steigen und die noch dunklere
Talsohle durchschreiten, bevor es aufwärts, der Sonne
entgegen geht. – Geh!

September

27 You can live separate realities simultaneously –
schizophrenic people understand what you do not understand.
Du kannst getrennte Realitäten gleichzeitig erleben.
Begreifen schizophrene Menschen, was du nicht verstehst?

28 Was du tust, tun tausend andere auch.
Das Einmalige ist, dass *du* es tust!

29 Nicht nur Wegwarten, auch „Glückswarten"
blühen an deinem Pfad. Ob du sie siehst? Ob du sie mitnimmst?
Wie oft wartet das Glück vergeblich.

30 Trennungsschmerz ist tiefes Leiden –
setze ihm das ALL-Bewusstsein entgegen.

Oktober

1 Lebensherbst: Lass deine farbigen Blätter fallen –
richte deine Aufmerksamkeit nach innen, so viel Kraft
ist dort gespeichert.

2 Die Herzens-Fragen beantworten sich auch mit dem Wörtchen „nicht“:
Wer bin ich – „nicht“? Was will ich von ganzem Herzen – „nicht“?
Was ist der Sinn meines Lebens und Daseins – „nicht“?

3 Es ist erstaunlich was ihr euch einbildet zu wissen und zu verstehen,
dabei bleibt dir das Schicksal (was dir Gott schickt) gleich um die nächste Ecke
verborgen – und erst recht was seine Bedeutung ist.
Wenn du nur wüsstest – was du nicht weißt!

4 Ein intellektueller Sandsturm hat dein Herz mit Gedanken eingemauert.
Die Mauer durchbrichst du eigenhändig nur im täglichen Bemühen um Eins-Sein
und mit viel Geduld.

5 Es sind weniger die vielen Mitbringsel, die dich belasten –
vielmehr die *inneren* Lasten, die du seit Jahren mitschleppst
und von denen du dich weder trennen noch befreien kannst.
Was du auf der Reise wirklich brauchst, hast du je bei dir –
(un)erkannt?

Oktober

6 Schmerzhafte Erinnerungen haben sich an dir festgekrallt wie Brombeerranken.
Überlass ihnen dein geliebtes Gewand und schreite voran – blick nur zurück,
um (dir) zu verzeihen.

7 Wie du andere beurteilst, so urteilst du über dich selbst;
was du andern gibst, gibst du dir selbst; Liebe, die du andern schenkst,
schenkst du dir selbst.

8 Der Schlüssel zum Kostbarsten in dir ist allein in deiner Hand.
Keine Autorität, absolut niemand kann dich (aus welchem
Grund auch immer) aussperren – außer du dich selbst!

9 In völliger Ungewissheit verstärkt sich das Echo jedes ausgesprochenen Wortes
um ein Vielfaches: deshalb sind es Worte des Trostes und der Hoffnung,
die du und andere in diesen Augenblicken brauchen.

10 Auch wenn deine Hände eine leere Tasse umfassen –
sind sie nicht leer.

11 Der Bus ist abgefahren, der Zug in der Folge auch, ebenso ist das Flugzeug
ohne dich gestartet, alle anderen waren an Bord – sei glücklich, alle Verbindungen
verpasst – und den *Anschluss zu dir* geschafft zu haben.

12 Be free to free others; you had to wound others and yourself in order to learn
to heal yourself and others; you had to fight, in order to learn to make peace.
Du musst dich selbst befreien, um andere zu befreien; du hast dich
und andere verwunden müssen, um dich und andere heilen zu lernen;
du musstest kämpfen um zu lernen, wie man Frieden schließt.

13 Wenn die Wahrheit in dein Leben tritt, gibt es keine Zweifel mehr,
„ob das Licht ist, oder nicht" – hell wie die Sonne scheint die göttliche Liebe,
alle früheren Prioritäten stehen im Schatten.

14 Mit jeder Geste der Liebe, die du dir und andern schenkst, lässt du
das Licht Gottes scheinen. You become the love you are seeking –
du wirst die Liebe, nach der du dich sehnst.

15 Auch in der unendlichen Vielzahl von Wellen
bist du ein einzigartiges Schaumkrönchen –
und bleibst gleichzeitig Teil des Ganzen.

16 Indem du zugunsten eines Nachwuchstalents verzichtest
und ihm die Bühne überlässt, löst sich dein Ego-Schatten in Licht auf
und scheint auf dich zurück.

Oktober

17 Oft liegt die Lösung zwischenmenschlicher Probleme
im kleinen Zwischenstecker der verbindet und ermöglicht,
dass Energie zu Licht wird. Deine Engel helfen dir gern,
diesen zu finden – oder ihn selbst zu sein!

18 Deine spirituelle Vision sei einfach, klar und aktuell.
Wie: weniger Irritation und Ärger, mehr Geduld und Liebe –
dir und den andern gegenüber.

19 You are not in the shelter of your house –
the shelter is in you!
Es ist nicht dein Haus, das dir Obdach bietet –
Zuflucht und sicherer Hort sind in dir!

20 Die Aussöhnung mit dir und andern beginnt im Herzen –
dann muss sie sich Schritt für Schritt den Kopf erobern.

21 „Spiritualität“, ein gespreiztes Wort.
In die tägliche Praxis umgesetzt heißt dies nichts anderes,
als die Liebe Gottes dir und anderen zu schenken,
sie zu leben und erfahrbar zu machen.

22 Alles was du „dein Eigen“ nennst, ist dir gegeben –
wie die Blätter dem Baum. Sie dienen ihm, dann färben sie sich
im Herbst und fallen ab. Schließlich stehst auch du da –
so wie du bist!

23 You can choose between layers of consciousness and layers of reality.
Du kannst zwischen Bewusstseins-Ebenen und Ebenen der Realität wählen.

24 Schwalben und Stare ziehen ins Winterquartier, die Tage werden kürzer:
untrügliche Zeichen und Vorboten des (Lebens-) Herbstes.
Du bist Teil des Kreislaufs und der Ordnung. Den nächsten Frühling
wirst du er-leben – wo immer!

25 Master your inner dialogue and you master your destiny!
Halte deinen inneren Dialog im Griff und du meisterst dein Schicksal!

26 Dein ständiges Suchen nach Dingen, die dir am Herzen liegen
und die du nicht finden kannst, hat einen tieferen Sinn:
das Suchen nicht aufzugeben!

Oktober

27 Auch wenn ihr punktuell immer wieder Gotteserfahrungen macht, gelingt es euch nicht, die einzelnen Punkte mit einer Linie zu verbinden, um das große, ganze Bild zu sehen. Wenigen ist dies vergönnt – aber alle sind Teil davon!

28 Kümmert es dich, wenn im Alter die externe Nachfrage nach dir und deinen Diensten nachlässt? Es ist untrügliches Zeichen für ein neues Verlangen: das Ich, braucht dich! You need yourself now.

29 Dem Instrument sind keine Töne mehr zu entlocken, es bleibt stumm, denn es wurde zu lange schlecht behandelt – das ist bei Menschen nicht anders.

30 Erneut wirst du in letzter Sekunde von einem schweren Unfall verschont. Wenn du nicht an Schutzengel glaubst, heißt das noch lange nicht, dass sie nicht existieren.

31 Was dir die Natur in *einem* Augen-Blick offenbart ist mehr als dein gesamtes Schulwissen.

November

1 Der erste Schnee deckt viele Wunden zu:
Die Selbstheilungskräfte der Natur brauchen Ruhe, um sich zu entfalten. Das brauchst auch du!

2 Du erliegst der Illusion es sei entscheidend, auf welcher Seite der verschlossenen Tür du stehst. Wenn du die Ego-Welt verlässt, stehst du auf beiden Seiten – der Durchgang ist frei!

3 Lebenszäsuren sind oftmals an deinen (un-)sichtbaren Narben erkennbar. Sie wollen dich nicht an die Einschnitte, sondern an die Lehren, die du gezogen hast, erinnern.

4 Du bemühst dich verbissen zu verhindern, dass deine Kugeln vom Tisch rollen. Doch der Tisch ist schräg und das Leben bewegt. Statt diesen aussichtslosen Kampf zu führen, ist es nicht besser, ab und zu eine Kugel vom Boden aufzuheben und auf den Tisch zurück zu legen?

5 Du hast Horror öffentlich und ohne schriftliche Aufzeichnungen zu sprechen. Wenn du sagst, was vom Herzen kommt, brauchst du keine Unterlagen.

November

6 Dein Mantra ist einfach und bedarf keines Gurus:
breathe God in, breathe love out – in Liebe zu dir,
zu allen und zu Allem.

7 Dein Alltag: kein Wunder wirkst du gestresst und bist ausgebrannt...
Wenn du das Spiel des Lebens nach *deinen* Regeln der Liebe selbst
gestaltest, macht es dir Freude und Spass.

8 Freiheit ist: das Segel in den Tag zu setzen
und den Wind bestimmen zu lassen, wohin er/es dich trägt.

9 Die Herausforderungen im Leben sind groß –
deshalb bist du hier. Die Aufforderung zur Liebe ist die größte;
sie zu verstehen und zu leben – ist (d)ein (ganzes) Lebenswerk!

10 Was immer man dir sagt, *dein* freier Geist entscheidet:
Die Instanz ist dein Herz in Gott!

11 Nach einer Verletzung sind unsere Heilungskräfte ununterbrochen am Werk, Tag und Nacht. Zur vollständigen Genesung sind wir auf deine heilenden Gedanken angewiesen – auch rund um die Uhr.

12 Oftmals entpuppen sich regengeschützte Sitzplätze als Schatten-Variante – und Stehplätze im Freien als wärmende Sonnenplätze.

13 Eine Erdgasleitung führt zu den Häusern. Im einen ist ein Star-Koch am Werk, im anderen steht der Herd still, wenn's hoch geht, wird Wasser gekocht. – Wir geben euch Leben, Energie und Talent, ob und wie du sie nutzt, steht als Frage und Aufgabe in *deinem* Haus.

14 Im Alter gibt es viele Möglichkeiten, Unzulänglichkeiten an deinem äußerlichen Erscheinungsbild zu verschönern oder zu kaschieren. Nur die Ausstrahlung deines Herzens bleibt immerzu unverfälscht rein und wahr.

15 Weggeben heißt nicht, dass man Dinge nicht mehr gebrauchen kann, sondern entstammt der Einsicht, dass sie andere besser gebrauchen können.

16 Es gibt keine größere Herausforderung als jene zur Liebe. Wenn du dich ihr stellst, ver-ändert sich dein Leben – auf Dauer und zum Guten.

November

17 Du träumst ein Held zu sein. Das wollt ihr alle sein!
Dabei seid ihr Helden – allein weil ihr seid!

18 Das Gute ist hell – man sieht es in den Augen!

19 Im Winter setzt sich das Plankton, der See wird klar bis auf den Grund.
Wie kalt muss es *bei dir* werden? Braucht es Unfälle und Krankheiten,
um deine Überbeschäftigungsmaschine erkalten zu lassen,
damit die Sicht auf den Grund klarer wird?

20 Wenn dir jemand bereits frühmorgens deinen Tages- und Zeitplan
über den Haufen wirft, heißt das – nicht mehr, aber auch nicht weniger –
dass du stattdessen *seine* Agenda übernimmst? (Oder dass dein Haufen
aus Sand und nicht aus gewichtigen Steinen bestand?)

21 Er ist der Höchste, trägt funkelnde Sterne auf der Uniform
und will von dir erkannt und anerkannt werden. Schenke deine
Achtung jenen, die im Lichte leben, ihre Sterne stehen *über* ihnen
und leiten sie.

22 You are (like) a life-prospector, always searching for the „big strike“ – but finding small veins, that make sure you stay a prospector.
Du gleichst einem Lebens-Goldschürfer, immer auf der Suche nach *dem* großen Fund – aber du findest nur kleine Vorkommen die sicherstellen, dass du ein Suchender bleibst.

23 Auch wenn du durch alle Maschen sozialer und medizinischer Hilfsnetze tief gefallen bist – aus der Liebe Gottes fällst du nie!

24 Wo immer du nicht bist, verändert sich ebenso viel, wie wo du bist, nur bemerkst du es erst wenn du dorthin zurückkehrst: dass alles so bleibt kann dein Wunsch, dass sich alles verändert, deine Hoffnung sein!

25 Du hast jemanden um einen kleinen Gefallen gebeten und ein Vielfaches zurück erhalten: frage nicht nach dem warum, sondern verdopple die Dankbarkeit.

26 Learn for the next lesson: Lerne vorwärts zu lernen.

November

27 Viele Dinge waren hier bevor du zur Welt kamst –
und werden immer noch hier sein, wenn du sie längst verlassen hast.
Denke daran, wenn du das nächste Mal achtlos
einen Stein in den Fluss wirfst.

28 Wenn du, um äußere Wertschätzung zu finden, deine Resultate verschönerst, widerspiegelt sich dies wie in einem Hohlspiegel. In seinem Brennpunkt steht: The value is within! Das Wertvolle liegt im Innern.

29 Erfindungen im Traum, auch wenn sie nie realisiert werden, sind Zeugnis von Weisheit außerhalb des Gehirns.

30 Schaffe dir Frei-Raum zur Erholung und Genesung, eingeengt kann keine Heilung gedeihen. Oftmals müssen Einschnürungen nicht nur gelockert, sondern durchschnitten werden: Die Ergebnisse sind spektakulär.

Dezember

1 Wie kannst du andern zu verstehen geben,
dass du fortan jeden Tag Geburtstag feierst?

2 Der Abschied als Neuanfang: welche Plattitüde.
Wenn sie so banal ist, weshalb setzest du sie nicht täglich um?

3 Mit dem Kerzenlicht machst du sichtbar was *immer* da ist –
das Licht Gottes. Nimm das Licht; trag es in dir;
umgib dich mit Licht; gib es weiter...

4 Die entscheidende Differenz liegt nicht in was du tust,
sondern was du *bist*. Reduziere die Zeit, die du für
Organisation und Planung des Tuns ver(sch)wendest:
dein *Sein* führt dich ins Licht!

5 Wenn immer du von Norden nach Süden, von Osten nach Westen
über die vertikale Verbindung der Gegenpole Zenit und Nadir schreitest,
triffst du im Zentrum *deine* Mitte.

Dezember

6 Lass dich überraschen – sogar von einem verkleideten Klaus
mit erkennbar falschem Bart. Play the game und bleib offen,
lasse gut gemeinte Überraschungen zu wie kleine Wunder.

7 Wie du andere nährst – wird zu deiner Nahrung!

8 Jeder Entscheid ist verbunden mit einem gewählten Zeitpunkt.
Jeder (gewählte) Zeitpunkt ist verbunden mit dem Hologramm
des Großen und Ganzen – so ist die Be-Deutung jedes Entscheides.

9 Folge deinem Stern, rette deinen Traum
(wo immer – wie immer).

10 Wir geben dir Träume und Erfahrung; wir geben dir Energie und Information.
Sie sind real und werden es immer sein. Ob du sie nutzt, vorbeiziehen lässt
oder gar wegschiebst, ist deine Wahl – und wird *deine* Wirklichkeit.

11 Schnörkellose Gradlinigkeit mag wahr, oft aber auch freudlos sein.
Im Leben können Schnörkel anmutig sein und Freude bereiten.

12 So viele Stimmen im Äther, die dir etwas mitteilen möchten.
Doch du verstehst sie nicht, es ist nicht deine Frequenz, sie klingen fremd.
Verstehst du wenigstens die eigene, innere Stimme, spricht sie deine Sprache?

13 Ihr tut einander Gewalt an um zu siegen –
weil ihr nicht versteht, dass Liebe zu erringen der höchste Sieg ist.

14 Du verstehst deine Träume genauso wenig wie dein Leben.
Das soll dich nicht hindern gut zu schlafen und gut zu leben!

15 Wie oft standen unvermittelt Helfende am Wegrand,
die dir eine Last abnahmen – glaubst du, das waren alles Zufälle?
Es sind Zeichen unserer Hilfe, die dich erwartet!

16 Bilder, die dich zur Kontemplation anregen sind Bilder in dir,
die zum Leben erweckt werden möchten.

Dezember

17 Unsere Informationen für dich kommen von weit her – sehr weit. Auch die dicksten Mauern können sie (auf dem Weg zu dir) nicht aufhalten.

18 Die Energie, die wir dir senden ist Liebe. Halte beide Hände und dein Herz offen. Was du empfängst kannst du weitergebe[n] was dich heilt, heilt andere.

19 Zur Seite treten heißt, *ES* urteils- und erwartungslos geschehen lassen. Nur so kann *ES* fließen und heilen.

20 Was immer du dir einbildest ist (d)eine Realität. Auch (d)eine Vision wird Realität dank deiner Einbildung: alle Wunder folgen diesen Weg.

21 Je durstiger, desto köstlicher schmeckt klares Wasser – das ist auch mit der göttlichen Liebe so.

22 Deine Wünsche fallen (wie deine gefiederten Freunde)
lautlos in den weichen Schnee – frierend aber hoffnungsvoll
nach Nahrung suchend.

23 Schutz vor Gefahr und Verunsicherung?
Oftmals genügt eine Krippe im Stall.

24 Weihnachten ist für dich eine Schatztruhe von Erinnerungen –
für uns die wiederkehrende Geburt der Hoffnung.

25 Weihnachten: ein Licht. Viele Kerzen am Baum:
schaut euch an – *ihr* seid die Lichter.

26 Flucht kann Segen bringen.

Dezember

27 Energie fließt aus deinem Herzen
und verbindet sich mit dem Universum –
woher sie kommt.

28 Mitten in der Nacht stellt sich dir die Sinnfrage
nach deinem Tun überdeutlich und verlangt nach Auskunft –
die du bei Tageslicht mit deinem Sein beantworten kannst.

29 Im Wechsel von Ebbe und Flut des Lebens lernst du loszulassen
und in Kontakt zu treten, dich zu trennen und dich zu verbinden, zu geben
und zu nehmen, alles zur rechten Zeit. Deine Seele weiß:
„There is plenty of time – time is on your side".

30 Wenn deine Hände einen Trichter der Dankbarkeit formen,
fließt göttliche Glückseligkeit und füllt dein Innerstes – für einen
Moment kostest du zeitlose Ewigkeit.

31 Die Jahre ziehen vorbei: Verlorenes findest du bei dir –
es liegt direkt vor deinem Herzen.